essentials

Essentials liefern aktuelles Wissen in konzentrierter Form. Die Essenz dessen, worauf es als „State-of-the-Art" in der gegenwärtigen Fachdiskussion oder in der Praxis ankommt. Essentials informieren schnell, unkompliziert und verständlich

- als Einführung in ein aktuelles Thema aus Ihrem Fachgebiet
- als Einstieg in ein für Sie noch unbekanntes Themenfeld
- als Einblick, um zum Thema mitreden zu können

Die Bücher in elektronischer und gedruckter Form bringen das Expertenwissen von Springer-Fachautoren kompakt zur Darstellung. Sie sind besonders für die Nutzung als eBook auf Tablet-PCs, eBook-Readern und Smartphones geeignet.

Essentials: Wissensbausteine aus den Wirtschafts, Sozial- und Geisteswissenschaften, aus Technik und Naturwissenschaften sowie aus Medizin, Psychologie und Gesundheitsberufen. Von renommierten Autoren aller Springer-Verlagsmarken.

Jutta Boenig

Outplacementberatung

Ein Instrumentarium der modernen Personalarbeit

Jutta Boenig
Boenig Beratung
Überlingen am Bodensee/Hamburg
Deutschland

ISSN 2197-6708   ISSN 2197-6716 (electronic)
essentials
ISBN 978-3-658-09492-8   ISBN 978-3-658-09493-5 (eBook)
DOI 10.1007/978-3-658-09493-5

Die Deutsche Nationalbibliothek verzeichnet diese Publikation in der Deutschen Nationalbibliografie; detaillierte bibliografische Daten sind im Internet über http://dnb.d-nb.de abrufbar.

Springer Gabler
© Springer Fachmedien Wiesbaden 2015

Gedruckt auf säurefreiem und chlorfrei gebleichtem Papier

Springer Fachmedien Wiesbaden ist Teil der Fachverlagsgruppe Springer Science+Business Media
(www.springer.com)

Was Sie in diesem Essential finden können

- Hintergrundwissen zur Historie, Inhalte, Verläufe und Ziele von qualifizierter Outplacementberatung
- Praxiswissen über ganzheitliche und nachhaltige Outplacementberatung
- Praktische Informationen für Unternehmen zu vorbereitenden Maßnahmen vor dem effektiven Einsatz von Outplacementberatung
- Mögliche Auswahlkriterien für Personalentscheider zur Auswahl von Outplacement-Dienstleistern bzw. zu Beratern mit der entsprechenden Fachexpertise
- Konkrete Beispiele für inhaltliche Module und den Prozessablauf von Outplacementberatung
- Zusätzliche Anregungen und Impulse für praktizierende Berater

Vorwort

Outplacementberatung ist eine vergleichsweise junge Beratungsdienstleistung, und noch heute ist der Begriff für manche Personalexperten etwas nebulös, z. B. wird er nach wie vor mit Outsourcing verwechselt. Doch im Laufe der letzten 20 Jahre sind unzählige Beratungsprojekte durchgeführt worden, und in Unternehmen etabliert sich Outplacementberatung als wichtiges Instrument in der Personalarbeit.

Fachbücher sind auf dem Markt, es gibt Untersuchungen, in Erfolgsstatistiken sowie in Berichten aus Fach- und Diskussionsgruppen in Internet-Foren kann man sich informieren. Zahlreiche Dienstleister, die entweder nahezu ausschließlich Outplacementberatung anbieten, oder Unternehmens- und Personalberatungen, die dieses Angebot als zusätzliche Leistung mit in ihrem Portfolio haben, bieten sich an.

Personalverantwortliche haben buchstäblich die Qual der Wahl. Nach welchen Auswahlkriterien sollen Beratungsanbieter ausgesucht werden? Ist Bewerbungstraining schon Outplacementberatung? Reichen Größe und bekannte Namen von Beratungsgesellschaften aus, um für die schwierige Umbruchzeit, für die zu entlassenden Mitarbeiter der richtige Partner an Bord zu sein? Der vorliegende Text ist ein ausschließliches Praxis-Essential. Aus über zwanzig Jahren Erfahrungen in Einzel- und Gruppenoutplacement sind die wichtigsten Aspekte aus der Praxis für die Praxis zusammengefasst.

Nach jahrzehntelangen Erfahrungen mit Unternehmen unterschiedlichster Größe und Anforderungen, zeigt es sich immer wieder:

Um Outplacementberatung erfolgreich zu gestalten, ist es zielführend, wenn die unternehmensinternen Entscheidungsträger die Ziele des Veränderungsprozesses geklärt haben, wenn sie gemeinsam mit den Beratern an einem Strang ziehen und die Kommunikation bei den Beteiligten so vertraulich wie möglich und so transparent wie nötig verläuft. Analog dazu sind Fachkompetenz, Methoden und Menschenbild der Outplacement-Dienstleister abzugleichen.

Vorbemerkung

Aufgrund der besseren Lesbarkeit wird in dem hier vorliegenden Text auf eine durchgängige Verwendung der femininen Formen verzichtet, beide Geschlechter, männlich wie weiblich, sind aber gleichermaßen gemeint und angesprochen.

Inhaltsverzeichnis

1   **Einleitung** 1

2   **Outplacementberatung und Umstrukturierungen** 3
   2.1 Outplacementberatung als Dienstleistung:
       die Geburtsstunde 3
   2.2 Begriffsklärung und Abgrenzung 5
   2.3 Kostenstrukturen 7

3   **Outplacementberatung nutzt die Umbruchstimmung** 9
   3.1 Die Beteiligten in Trennungsprozessen 9
   3.2 Imageverlust? Beratung des Unternehmens 12
   3.3 Faktor Mehrwert für betroffene Mitarbeiter und Unternehmen ... 14

4   **Outplacementberatung signalisiert Anerkennung** 17
   4.1 Organisation und Implementierung 17
   4.2 Outplacement als ganzheitlicher Prozess 22
   4.3 Inhalte bauen aufeinander auf 23

5   **Outplacementberater – Persönlichkeiten werden gefordert** 29
   5.1 Entwicklung und Prozessbegleitung vs. Stellenvermittlung 29
   5.2 Berater in der Experten- und Coachingrolle 34
   5.3 Mögliche Auswahlkriterien für in Auftrag
       gebende Unternehmen 36

Fazit 39

Was Sie aus diesem Essential mitnehmen können 41

Literatur 43

Die Autorin

Jutta Boenig hat ein sozialwissenschaftliches Studium mit dem Schwerpunkt Psychologie und ist seit 1998 Inhaberin der Boenig Beratung mit Sitz in Überlingen am Bodensee und Hamburg.

Als Karriere-Outplacementberaterin, Wirtschaftsmediatorin und systemischer Coach begleiten sie und ihr Team Menschen und Organisationen in Veränderungsprozessen durch Coaching, Einzel- bzw. Gruppenoutplacement und Karriereberatung. Als persönliche Sparringspartnerin berät und begleitet Jutta Boenig darüber hinaus Top-Führungskräfte in Deutschland, Österreich, Italien und der Schweiz. Sie ist Vorstandsvorsitzende der Deutschen Gesellschaft für Karriereberatung (DGfK e.V.) und bildet seit 2001 Trainer, Berater und Personalexperten im speziellen Segment Karriere – und Outplacementberatung aus.

Sie ist Autorin zahlreicher Artikel zum Thema Outplacement und in regelmäßigen Interviews in Focus, FAZ, Spiegel, FR, etc. gibt sie ihr Wissen weiter.

Einleitung

1

Wachstum und geringe Arbeitslosigkeit zeichnen die Republik aus. Dennoch sind Change-Management-Prozesse aufgrund wirtschaftlicher Anpassungen der Unternehmen, Bestandteil von Unternehmensführung. Diese Prozesse sind häufig mit Personalabbau verbunden, ausgelöst z. B. durch Standortschließungen und -verlagerungen und/oder auch durch Fusionen, die Personalabbau nach sich ziehen. Wie dieser Abbau geschieht, welche Transferleistungen für die Mitarbeiter vonseiten der Arbeitgeber angeboten werden, wie die Trennungsprozesse ablaufen, hängt eng mit der jeweiligen Unternehmenskultur zusammen.

Beratungsdienstleistungen unterschiedlichster Art werden rund um das Thema Personalabbau angeboten, dabei hat sich Outplacementberatung als hocheffizientes Instrumentarium etabliert. Outplacementberatung ist eine Personaldienstleistung, in deren Mittelpunkt Beratung und Begleitung gekündigter Mitarbeiter bis hin zum neuen Job steht. Sie wird in der Regel von Unternehmen beauftragt, die sich von einzelnen oder vielen Mitarbeitern trennen müssen und dies auf eine faire, sozial verantwortliche und dennoch wirtschaftliche Weise tun möchten.

Den Betroffenen selbst soll maximale Unterstützung bei der beruflichen Neuorientierung gewährt werden, dem Unternehmen wiederum Imageverlust, Leistungsabfall der verbleibenden Mitarbeiter sowie Kostenexplosion durch Arbeitsgerichtsprozesse erspart bleiben.

© Springer Fachmedien Wiesbaden 2015
J. Boenig, *Outplacementberatung*, essentials, DOI 10.1007/978-3-658-09493-5_1

Dieser Ratgeber verschafft Ihnen einen Überblick über Abläufe, Inhalte und Nutzen einer qualitativ hochwertigen Outplacementberatung. HR- Verantwortliche bekommen Hinweise, worauf sie achten sollten, damit ihre Mitarbeiter auch in schwierigen Zeiten das Bestmögliche an Beratung bekommen. Berater können in diesem Essential praktische Kurzhinweise ebenso finden wie gedankliche Anregungen für ihre weitere Prozessarbeit.

Outplacementberatung und Umstrukturierungen

2.1 Outplacementberatung als Dienstleistung: die Geburtsstunde

Outplacementberatung kommt ursprünglich aus dem amerikanischen militärischen Umfeld. Nach dem Zweiten Weltkrieg setzte die US-Army Berater ein, die die Aufgabe hatten, die Soldaten wieder in das zivile Leben einzugliedern. In dem Begriff Outplacement wird diese beabsichtigte Integrationsberatung nicht deutlich sondern lediglich das „weg vom Platz" und nicht das „hinein in ...". Dennoch war eine Begrifflichkeit geboren, die sich bis heute durchgesetzt hat. Ab den 60er Jahren wurde diese Beratungsform auch in anderen Industriezweigen angewandt, die ersten waren amerikanische Ölmultis, die sich im Rahmen von vielfältigen Personalabbaumaßnahmen an diesem Konzept orientierten. Im Laufe der Jahrzehnte wurde Outplacement-Counseling als gebräuchliche externe Dienstleistung in der Industrie etabliert.

Bei der Mehrzahl der angestellten Amerikaner, nicht nur der Führungskräfte, ist heute das Recht auf ein sog. „Outplacement-Career-Counseling" in den Arbeitsverträgen verankert. In den angelsächsischen Ländern ist diese Beratungsform, als Instrumentarium der modernen Personalarbeit, nicht mehr wegzudenken.

In Deutschland wurde Outplacementberatung in den 80er Jahren von Personalberatungsfirmen, wie Mühlenhoff, Stöbe, Kern & Partner oder von Rundstedt & Partner als ausschließliche Leistung für Führungskräfte eingeführt. Nur einem kleinen Kreis von Personalexperten war diese Dienstleistung überhaupt bekannt, generell waren die Personalabteilungen wenig bis gar nicht mit dem Thema vertraut. Es war eine Executive-Leistung, die anstelle der in den früheren Jahren willkürlichen

© Springer Fachmedien Wiesbaden 2015
J. Boenig, *Outplacementberatung*, essentials, DOI 10.1007/978-3-658-09493-5_2

und auch oft despektierlichen Freisetzungsstrategien, wie Versetzung aufs Abstellgleis – man denke da an den Begriff „Frühstücksdirektoren"- angewandt wurde. Entsprechend dieser Exklusivität wurde die Dienstleistung sehr diskret eingesetzt.

Anfang der 90er Jahre rollten die ersten großen Entlassungswellen durch Deutschland, die auch vor Großkonzernen nicht haltmachten. In der Personalpolitik der Unternehmen fand ein Umdenken statt. Die Haltung gegenüber der Ressource „Mitarbeiter" änderte sich und die Befürchtung vor Imageschäden durch Massenentlassungen nahm zu. Sowohl Betriebsräte als auch Gewerkschaften informierten sich zunehmend, was über Abfindungsregelungen hinaus als Dienstleistung auf dem externen Beratungsmarkt angeboten wurde. Das klassische, einem kleinen Kreis von führenden Mitarbeitern vorbehaltene Angebot der Outplacementberatung wurde sukzessive bekannter. Neue Beratungsgesellschaften entstanden, die neben der klassischen Outplacement Zielgruppe auch die tarifgebundenen Mitarbeiter aller Hierarchiestufen, von den gewerblichen Mitarbeitern bis zum mittleren Management, als Ratsuchende im Fokus hatten. Die Bezeichnung „Gruppenoutplacement" war geboren, da bei den betrieblichen Umstrukturierungen häufig ganze Mitarbeiter- Gruppen vom Abbau betroffen waren bzw. bis heute sind.

Die neuen Entwicklungen in der Personalpolitik der Unternehmen, die Mitarbeiter als „wichtigstes Kapital" definierten, bereiteten Outplacement-Beratungs – Angeboten einen breiten Absatzmarkt, der sich im Laufe der Jahre fest etabliert hat als Teil einer modernen, dynamischen Personalarbeit.

Die Wertschätzung gegenüber verdienten Mitarbeitern, Vermeidung von Imageschäden und nicht zuletzt die möglichen Kostenersparnisse durch früheres Ausscheiden oder auch Vermeidung von Arbeitsgerichtsprozessen sind dafür schlagkräftige Argumente.

Outplacementberatung Historie:
- Ursprünglich ein amerikanisches Modell zur Anschlussbeschäftigung, entstanden in der US-Army
- Entwicklung in den 90er Jahren: Gedanken zu Unternehmenskultur „Ressource Mensch" in der modernen Personalarbeit
- Fürsorgepflicht
- Erkenntnis: Mehrwerte der Unternehmen sind u. a. Imageerhaltung und Kostenersparnis

2.2 Begriffsklärung und Abgrenzung

Analog zur Entwicklung des Personal – Dienstleistungsmarktes, wurde in den letzten 15 Jahren versucht, die Begrifflichkeit „Outplacement" positiv umzuformen, da man allgemein der Ansicht war, dass die Vorsilbe „Out" despektierlich ist. Newplacement, In-placement, Re-placement, Karriere-Coaching oder auch einfach Placement werden als Synonyme für dieselbe Dienstleistung verwendet. Dennoch ist der Ursprungsbegriff immer noch marktüblich, den Personalverantwortlichen in der Regel geläufig und wird durchgehend eingesetzt.

Erfolgreiche Outplacementberatung hat immer zum Ziel, die von Abbau betroffenen Mitarbeiter innerhalb ihrer Kündigungsfrist in eine neue berufliche Perspektive zu begleiten. Dadurch wird ein gleitender Übergang möglich und ist somit eine präventive Maßnahme, die den Status der Arbeitslosigkeit und alle damit zusammenhängenden irritierenden und auch anstrengenden Aspekte verhindert. Neben diesem Vorteil für den Arbeitnehmer liegen die finanziellen Vorteile für das abbauende Unternehmen auf der Hand, denn je früher die Arbeitnehmer ausscheiden, desto mehr Einsparungen für das Unternehmen sind möglich.

Outplacementberatung ist ein ganzheitlicher Prozess, bietet betroffenen Mitarbeitern nachhaltige Hilfe zur Selbsthilfe und unterscheidet sich deutlich von einer Stellenvermittlung oder einem Bewerbungstraining. Auch der Begriff „Karriere-Coaching", bei dem es um die Weiterentwicklung in der beruflichen Laufbahn geht, greift zu kurz, denn dabei geht es nur in absoluten Ausnahmefällen um den gleichzeitigen Verlust des Arbeitsplatzes.

Outplacementberatung ist eine Dienstleistung für Menschen, die in Umstrukturierungsprozessen unfreiwillig ihre berufliche Aufgabe, ihren Platz im Unternehmen und damit ihr Arbeitseinkommen verlieren. Die Mitarbeiter werden in der Beratung zunächst aufgefangen, gestärkt in ihrem Selbstwert und dann dahingehend unterstützt, wieder zum Handelnden in ihrer eigenen Lebens- und Arbeitswelt zu werden.

Die Menschen werden entsprechend ihren Kenntnissen und Stärken und ihren persönlichen Lebensnotwendigkeiten und Wünschen wieder bestmöglich nachhaltig auf dem Arbeitsmarkt integriert. Und das, ohne den Verlust ihres Selbstwertgefühls (siehe auch Kap. 4.2). Um dieses Ziel erreichen zu können, sind erfahrene Arbeitsmarktexperten, die darüber hinaus über psychologisches Wissen und Coaching – Know-how verfügen, unabdingbar.

Qualitative Outplacementberatung deckt ein breites Spektrum ab und lässt sich am ehesten beschreiben als eine umfassende „Schnittmenge" von Expertenberatung und Coaching.

Wie oben bereits beschrieben, wird zwischen Gruppenoutplacement und Einzeloutplacement unterschieden. Standortschließungen, Abteilungsverlagerungen oder allgemeine wirtschaftlich begründete Personaleinsparungen ziehen immer Personalabbau in größerem Umfang nach sich. Diese Umstände verursachen u. U.

Unruhe, Imageschäden, möglicherweise rechtliche Auseinandersetzungen und eventuell auch Abwanderungen von High Performern. Um diese Folgeschäden zu verhindern, setzen Unternehmen Gruppenoutplacement – Maßnahmen als modernes Personalinstrument ein.

Die Gruppenoutplacementberatungen werden für tariflich gebundene Mitarbeiter bis zum mittleren Management angeboten. Für diese zeitlich begrenzte Maßnahme werden in der Regel externe Beratungsgesellschaften verpflichtet, die den Vorteil haben, dass sie für Neutralität stehen (siehe auch Kap. 4.1) Großkonzerne, deren Personalpolitik ständigen Veränderungen und Bewegungen unterworfen ist, verfügen oft über eigene „Placement – Center," in denen betroffene Mitarbeiter von internen Beratern unterstützt werden. Diese Praxis wird sowohl von Mitarbeitern als auch von Personalexperten kontrovers diskutiert, da Organisationsverflechtungen mit entsprechender Voreingenommenheit möglich sind.

Einzeloutplacementberatung wird vor allem Mitarbeitern der Führungsebene angeboten, die außertarifliche Arbeitsverträge haben. In Ausnahmefällen und je nach Unternehmenskultur können auch Mitarbeiter aus dem tariflichen Angestelltenverhältnis von der Dienstleistung profitieren, allerdings werden sie kostenmäßig anders abgerechnet als außertarifliche Mitarbeiter (siehe auch Kap. 2.3 und 4.1). Die Gründe für eine einvernehmliche Trennung können vielfältig sein: von persönlichen Unstimmigkeiten über mangelnde Performance, Wegfall der Position, (z. B. bei Fusionen oder Standortschließungen), Rückkehrproblematik nach Entsendungen bis hin zur Mitarbeiterentscheidung, nach der eine Aufhebungsvereinbarung z. B. nach einer langwierigen Erkrankung sinnvoll ist.

Outplacementberatung Begriffsklärung/Abgrenzung:
- Outplacement ist Marktbegriff
- Ziel: Verhinderung von Arbeitslosigkeit
- Beratungsform = Expertenberatung unter Berücksichtigung des ganzheitlichen Kontextes unter Einbeziehung von Coachingmethoden
- Outplacement ist Hilfe zur Selbsthilfe – Präventivmaßnahme in der Kündigungsfrist
- Einzeloutplacement: Überwiegend für AT- Mitarbeiter, mit Ausnahmen
- Gruppenoutplacement: Bei umfangreichem Personalabbau für tarifgebundene Mitarbeiter, hierarchieübergreifend bis mittleres Management

2.3 Kostenstrukturen

Umstrukturierungsprozesse in Unternehmen sind generell mit hohen Kosten verbunden. Personalabbau zieht zusätzlich Kosten nach sich, ob für Abfindungen, Rechtsberatung, evtl. anstehende Arbeitsgerichtsprozesse, fortlaufende Weiterzahlung von Gehältern während langer Kündigungsfristen und nicht zuletzt für die Arbeitszeit, in der sich ausschließlich mit den anstehenden Themen beschäftigt wird. Hohe Kosteninvestitionen fallen auch an bei Entlassungen einzelner Führungskräfte oder Geschäftsführern, die sich u. U. auf Langzeitverträge berufen können.

Entscheidet sich ein Unternehmen für die Implementierung einer Outplacementmaßnahme, sollten die Entscheidungsträger das zur Verfügung stehende Budget klären (siehe auch Kap. 5.3).

Im Einzeloutplacement für Fach- und Führungskräfte haben sich marktüblich Honorare von 20 bis 22 % des Jahresbruttogehaltes inkl. Boni etabliert. Es gibt ein Minimalhonorar, quasi eine „Deckelung" nach unten, welches bei ca. 17.000 € liegt. Dafür wird in der Regel eine garantierte unlimitierte Beratung bis 100 Tage nach Neupositionierung angeboten und darüber hinaus eine Neuaufnahme der Beratung, sollte der Kandidat in der Probezeit scheitern. Alternativ zu diesem Angebot gibt es eine Vielzahl von Monatspaketen, die für ein entsprechend geringeres Honorar eingekauft werden können. In diesen zeitlich limitierten Beratungen werden z. B. Karrierefragen geklärt, Unterlagen überarbeitet oder ausschließlich auf Vorstellungsgespräche vorbereitet. Eine ganzheitliche Outplacementberatung, die alle Aspekte berücksichtigt, ist dabei nicht vorgesehen. Je nach Umfang wird entweder mit Stundenhonoraren von 250 bis zu 550 €/h abgerechnet oder mit Pauschalkosten von 6000 bis 10.000 € (immer zzgl. MwSt.). In den Aufhebungsvereinbarungen werden der Beratungsumfang und die Zahlungsmodalitäten festgelegt (siehe auch Kap. 4.1).

Die Budget- und Zielklärungen vor einer Outplacementmaßnahme werden noch um ein Vielfaches wichtiger bei Gruppenoutplacement-Maßnahmen. Die Angebotspalette ist umfangreich. Ein Mix aus Seminaren und Einzelgesprächen oder auch nur Einzelgespräche ist möglich, und in der Regel sind pro Mitarbeiter 20 bis 25 h Begleitung und Beratung vorgesehen. Seminare werden u. U. mit Tageshonorarsätzen abgerechnet, wohingegen eine festgelegte Anzahl von Einzelgesprächen pro Stunde/Mitarbeiter in Rechnung gestellt wird. Unternehmen können dabei in der Gesamtsumme mit 6000 bis 8000 € pro Mitarbeiter kalkulieren. Die Arbeitsagentur bietet unterschiedliche Mit-Finanzierungsmöglichkeiten an, die bis zu 2500 €/ Mitarbeiter betragen können. Diese Finanzierungsleistung der Arbeitsagentur ist mit sehr engen Auflagen und Kontrollen verbunden, und die ehernen Grundsätze

einer professionellen und ganzheitlichen Outplacementberatung, nämlich Vertraulichkeit und Datenschutz, werden teilweise nicht beachtet. Es gilt demnach auch
hier, die Finanzierungsplanung mit den Zielen bezüglich Unternehmenswerten und
-kultur abzugleichen.

Outplacementberatung nutzt die Umbruchstimmung

3.1 Die Beteiligten in Trennungsprozessen

Zeiten, in denen Personalabbaumaßnahmen in einem Unternehmen durchgeführt werden, fordern alle Beteiligten heraus. Die Umstrukturierungen lösen Irritationen, Fluchtgedanken, Ängste und Unsicherheiten aus und wirken auf verschiedenste Ebenen. Die betroffenen Mitarbeiter und ihre Familien, Entscheidungsträger, Personalverantwortliche, direkte Vorgesetzte und natürlich die Kollegen sind von den Umstrukturierungsmaßnahmen, selbst wenn es ausschließlich einzelne Mitarbeiter sind, direkt oder indirekt unterschiedlich stark betroffen (siehe Abb. 3.1).

Neben Existenzängsten, Wut oder Trauer bei den direkt Betroffenen, ist in den Unternehmen als Reaktion zumindest Anspannung spürbar, bis hin zu nicht enden wollenden Pausen- oder Teeküchengesprächen, kurzum: Es herrscht erhebliche Unruhe, Unsicherheit, und die Arbeitsatmosphäre ist stark belastet. Infolgedessen steigt die Gefahr, dass sich hoch qualifizierte Mitarbeiter und Leistungsträger extern orientieren, andere weniger belastbar sind oder die Arbeitsergebnisse unter den Durchschnitt sinken.

Darüber hinaus haben Personalabbaumaßnahmen auch Auswirkungen auf die internen wie externen Kunden. Angespannte Atmosphäre, neue oder wechselnde Ansprechpartner, veränderte Kommunikations- oder Verhandlungsmethoden können verunsichern und lassen u. U. auch an der Qualität und Zuverlässigkeit des Geschäftspartners zweifeln.

© Springer Fachmedien Wiesbaden 2015
J. Boenig, *Outplacementberatung*, essentials, DOI 10.1007/978-3-658-09493-5_3

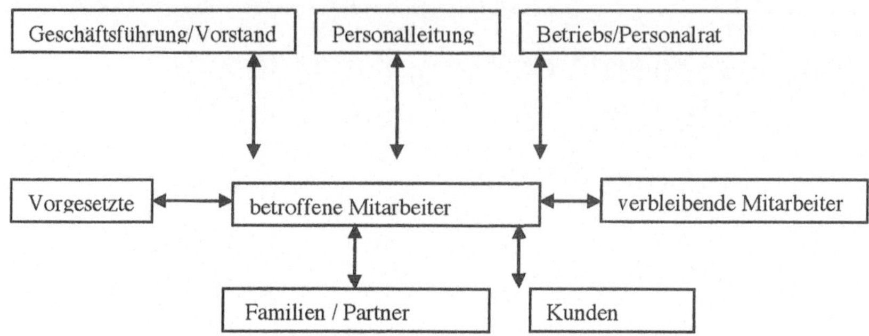

Abb. 3.1 Die Beteiligten in Trennungsprozessen. (Quelle: Fortbildungsunterlagen Karriere-Outplacementberatung, Boenig Beratung)

Die Überzeugung, dass Veränderungen auch immer Chancen bergen, bedeutet für die direkt Beteiligten in erster Linie ganz sicher zunächst Ironie des Schicksals und doch kann ganzheitlich und nachhaltig ausgerichtete Outplacementberatung genau diese Chancen sichtbar machen (siehe Abb. 3.2).

Was braucht das Unternehmen als Organisation?

Ruhe und eine konzertierte Neuausrichtung mit Mitarbeitern, die nach vorne schauen.

Das Management des Unternehmens, vertreten durch Vorstand und Geschäftsführung, möchte, dass die Strategie für die Neuausrichtung Erfolg hat.

Was wollen Unternehmen vermeiden?

Arbeitsgerichtsprozesse, die Kosten, Unruhe und Imageschädigung bedeuten können.

Kostenexplosionen ausgelöst durch unterschiedliche weitere Faktoren, wie z. B. Arbeit nach Vorschrift durch hohe Demotivation.

Was brauchen der Personalbereich und der Betriebsrat?

Mitarbeiter, die weiter an das Unternehmen und ihre Geschäftspolitik glauben, und Vermeidung von Fluktuation bzw. Abwanderungen der High Performer.

Was brauchen Vorgesetzte?

Engagierte und belastbare Mitarbeiter, die ergebnisorientiert arbeiten und nicht in Dienst nach Vorschrift verfallen.

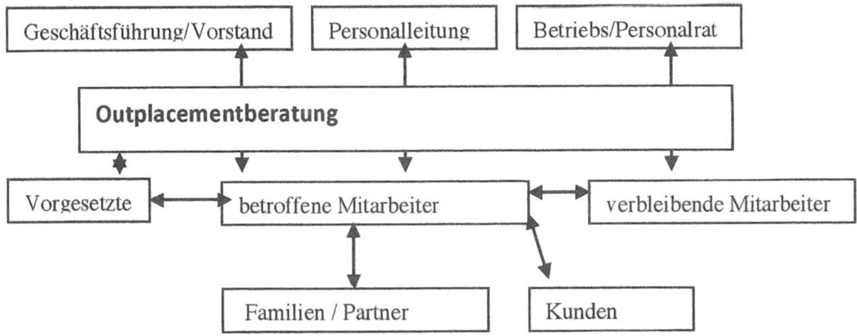

Abb. 3.2 Ganzheitliche Outplacementberatung berücksichtigt den Gesamtkontext Unternehmen und ist verbunden mit allen Beteiligten. (Quelle: Fortbildungsunterlagen Karriere-Outplacementberatung, Boenig Beratung)

Was brauchen die betroffenen Mitarbeiter und ihre Familien?

Eine neue berufliche Perspektive, Reflexion über die anstehenden Veränderungen und die Möglichkeit, sich in Ruhe darauf vorzubereiten.

Was brauchen die Kunden?

Verlässliche und positiv aufgestellte Ansprechpartner für ihre Anliegen. Zweifel an der Zuverlässigkeit und Beständigkeit des Unternehmens kann die Kundenbeziehung gefährden.

Der Einsatz von Outplacementberatung durch das Unternehmen und die damit verbundene Information aller Mitarbeiter signalisiert zunächst, dass das Unternehmen seinen Mitarbeitern Hilfestellung anbietet und sie damit wertschätzt. Wird darüber hinaus ein transparenter Kontext geschaffen, in dem Berater auch Ansprechpartner für die unterschiedlichen Personen sein können, fühlen sich die Beteiligten ernst genommen. Dies trägt zu einer konstruktiven Atmosphäre bei und eröffnet Chancen!

Die Beteiligten in Trennungsprozessen:
- Das komplette System Unternehmen ist involviert
- Unterschiedliche Ziele der Beteiligten
- Individuelle Gesprächsführung wird notwendig
- Größtmögliche Transparenz für alle Beteiligten
- Chancen auf konstruktive Innen- wie Außenwirkung
- Ziel: Unternehmens- und Mitarbeiterstärkung

3.2 Imageverlust? Beratung des Unternehmens

Globale Unternehmensstrategien ziehen Veränderungen und Umstrukturierungen nach sich. Die Dynamik der Wirtschaft bedeutet für Unternehmen, den Balanceakt zu schaffen zwischen Verlässlichkeit in der Außenwirkung und ständiger Anpassung an den Markt. Zunehmend macht sich der Fach- und Führungskräftemangel bemerkbar, so dass sich mehr denn je die Imagefrage stellt. Gut ausgebildete Bewerber stellen die Frage nach der vorherrschenden Unternehmenskultur, nach den in der Unternehmenspraxis gelebten Werten. Arbeitgeber Imagebewertungen sind öffentlich abrufbar, zunehmend sind die Unternehmen hier gefordert.

Angebote und Leistungen werden hinterfragt und der Umgang und Einsatz von HR-Dienstleistungen für die Mitarbeiter bewertet. Dass Personalfreisetzungen im Zuge von Umstrukturierungsmaßnahmen oftmals vonnöten sind, findet häufig eher Akzeptanz als die Art, wie dieser Prozess gestaltet wird. Outplacementberatung trägt maßgeblich zur Umsetzung der Wertekultur bei ohne im klassischen Sinne unternehmensberatend tätig zu sein.

Signalisiert ein Unternehmen seinen Mitarbeitern, dass eine Beratungsleistung dieser Art zur Verfügung steht, unabhängig davon ob es ein Einzeloutplacement oder ein Gruppenoutplacement ist, werden damit die Konsens-Bereitschaft und Anerkennung der erbrachten Leistungen sichtbar. Ein unternehmensseitiges Bemühen wird erkennbar, sich in Frieden zu trennen und Hilfestellung für die berufliche Zukunft des Arbeitnehmers anzubieten.

Vorab ist allerdings zu beachten, wie die Trennungsgespräche verlaufen, die viele Vorgesetzte und Personalverantwortlichen fürchten und sich doch, oftmals ohne Vorbereitung, abverlangen. Qualifizierte Outplacementanbieter führen als Teil ihrer Dienstleistung entsprechende vorbereitende Workshops zum Thema „Trennungsgespräche" durch.

Inhaltlich werden in den Workshops sind z. B. folgende Themen behandelt:

- Welche Bedeutung haben Trennungsgespräche für die Zukunft des Mitarbeiters und des Unternehmens?
- Welche Auswirkungen haben Trennungsgespräche auf die verbleibenden Mitarbeiter, Kollegen und Kunden?
- Wer spricht die Kündigung aus, und welche Sprachregelung wird vereinbart, nach innen wie nach außen?
- Welche Persönlichkeitstypen und Reaktionsmuster gibt es?
- Welche Kommunikationsstrukturen sind subjektiv für den jeweiligen Vorgesetzten situationsgerecht?
- Welche Unterstützung wird den Betroffenen angeboten?
- Was ist im Anschluss an das Trennungsgespräch geplant?

Anhand gängiger Kommunikationsmodelle werden Gesprächsführungsleitlinien für Konfliktgespräche vermittelt. Unterstützt wird das Programm durch praktische, auch Video-gestützte Übungen bezüglich Verhalten und Einwandbehandlung.

Verlaufen die Trennungsgespräche anerkennend, ist der erste Schritt der Imagepflege geschafft. Qualifizierte Outplacementberatung baut darauf auf, indem Berater sichtbar im Unternehmen sind und dadurch zunächst eine beruhigende und aufbauende Wirkung haben, die Brisanz der unterschiedlichen Gefühle anerkennen und ein Gespür für die Bedürfnisse aller Beteiligten erkennen lassen, ohne Partei zu ergreifen. Sie verbreiten das Gefühl von Sicherheit, und in der Praxis stellt sich immer wieder heraus, wie wichtig die Anwesenheit der Berater auch für die nicht direkt vom Personalabbau Betroffenen ist.

Die „Fürsorgepflicht" eines Unternehmens für seine Mitarbeiter, ein altmodischer Begriff, und doch ist er für die Imagepflege in der Innen- wie auch Außenwirkung immer noch tragend:

…das Unternehmen kümmert sich ….
…das Unternehmen lässt uns nicht allein ….
…das Unternehmen hat sich anständig verhalten ….
…das sind wir nicht gewohnt, dass man etwas für uns tut, ohne dass es extra kostet
  ….
…die leben ihre Unternehmenswerte ja tatsächlich ….

Oder wie die Personaldirektorin eines produzierenden Unternehmens zu ihren Führungskräften sagte: *„Eigentlich erwarten wir, dass die Trennung friedlich vonstattengeht und am besten sorgen Sie dafür, dass wir alle keine Befürchtungen mehr haben und wir wieder an das Unternehmen glauben. Vielleicht kommen die Mitarbeiter ja auch in ein paar Jahren wieder, denn eigentlich dürfen wir auf das Know-how nicht verzichten."*

In Einzeloutplacementberatungen, die außerhalb des Unternehmens stattfinden, gibt es zu Beginn der Beratung ein gemeinsames Gespräch zwischen betroffener Führungskraft, dem Vorgesetzten oder Personalverantwortlichen und dem Berater. Hier gilt es, u. U. zwischen den Beteiligten zu befrieden, indem eine konstruktive und angemessene Verabschiedung erfolgen kann, ohne dass verbrannte Erde zurückbleibt. Vielfach wird dem keine Beachtung beigemessen, da durch Freistellung die Führungskraft in der Regel schon nicht mehr im Unternehmen ist. Dennoch ist die Bedeutung nicht zu unterschätzen, denn die Außenwirkung einer positiven „Nachrede" über Abläufe zum Trennungsprozedere ist umso wichtiger, je bedeutender die Hierarchieebene.

Imageverlust? Beratung des Unternehmens:
- Unternehmenskultur/Werte sollen sichtbar werden
- HR-Dienstleistungen unter Berücksichtigung der Wertehaltung des Unternehmens
- Workshops zum Thema Trennungsgespräche
- Kommunikation wertschätzend
- Konstruktiver Beratungsaufbau seitens der Outplacementberater
- Ziel: Positive „Nachrede" – Imagepflege erspart Kosten

3.3 Faktor Mehrwert für betroffene Mitarbeiter und Unternehmen

Der Mehrwert von Imagepflege, Fürsorgepflicht und Betriebsklima ist nicht sofort messbar, erst im Laufe des Veränderungsprozesses im Unternehmen wirkt er sich aus. Darüber hinaus gibt es allerdings handfeste messbare Faktoren, die sich sofort auf die Unternehmen und deren Mitarbeiter auswirken. Im Gruppenoutplacement gilt, je früher die Beratung ins Unternehmen geholt wird, je eher die Beratung aufgenommen wird, umso größer wird die Wahrscheinlichkeit, dass die betroffenen Mitarbeiter zügig ein neues Beschäftigungsverhältnis aufnehmen. Dadurch werden die Restlaufzeiten der Kündigungsfristen kürzer und dies erspart den Unternehmen die entsprechenden Zahlungen. Auch eventuelle Kündigungsschutzklagen, das Recht jeden Arbeitnehmers, werden häufig nicht angestrengt oder auch zurückgezogen, wenn der betroffene Mitarbeiter in der Beratung eine Zukunftsperspektive für sich entdeckt. Arbeitsgerichtsprozesse zu vermeiden, heißt nicht nur Kosten zu sparen, sondern auch das Betriebsklima zu entlasten, denn nichts ist schwieriger, als einen demotivierten Mitarbeiter wieder weiterbeschäftigen zu müssen.

Im Einzeloutplacement liegt in der Regel eine Aufhebungsvereinbarung vor, so dass sich anwaltliche Fragen eher nicht mehr stellen. Doch auch hier gilt es, schnell und konkret mit der Beratung zu beginnen, um die Zeit der Freistellung zu nutzen. Häufig werden die Abfindungshöhen an die Schnelligkeit des Ausscheidens aus dem bestehenden Vertrag gekoppelt. Der Vorteil für die Unternehmen kann dann darin bestehen, dass die zusätzlichen Sozialversicherungskosten wegfallen. Den ratsuchenden Mitarbeitern bietet die Outplacementberatung, neben der Begleitung und dem empathischen Auffangen in einer extremen Situation, konkrete Hilfe bei der Neuorientierung auf dem Arbeitsmarkt. Gerade Menschen, die schon

Jahre nicht mehr um sich selbst „werben" mussten, tun sich sehr schwer mit den Anforderungen.

Die Mitarbeiter erhalten das nötige faktische Rüstzeug, um sich auf dem Markt bewegen zu können. Sie werden darin geschult, die Selbstverantwortung in angemessener Weise zu übernehmen, ihre Fähigkeiten und auch Ressourcen zu erkennen und zu verkaufen. Die Berater einer qualitativ anspruchsvollen und ganzheitlichen Outplacementberatung sind für die Ratsuchenden auch zwischen den Präsensberatungsstunden punktuell ansprechbar. Sie sind quasi Partner auf Zeit, in der Einzeloutplacementberatung sind sie gar Sparringspartner bis zum Ende der Probezeit.

Noch mehr Mehrwert für Unternehmen und Ratsuchende:
- Kostenersparnis für Unternehmen: Restlaufzeiten Arbeitsverträge, Vermeidung von Arbeitsgerichtsprozessen
- Konkrete Experten – Fachbegleitung für betroffene Mitarbeiter
- Zügige Entwicklung in eine neue berufliche Perspektive für die Mitarbeiter
- Engmaschige Begleitung auf dem beruflichen Weg
- Manifestierung eines neuen beruflichen Erfolges

Outplacementberatung signalisiert Anerkennung

4

4.1 Organisation und Implementierung

Für eine erfolgreiche Arbeit des Outplacementberaters sind auch seitens der Unternehmen bestimmte Rahmenbedingungen zu schaffen:

- Outplacement ist eine Beratungsleistung, die auf Freiwilligkeit beruht.
- Die Mitarbeiter werden für die Beratungen und die Bewerbungsaktivitäten freigestellt.
- Vertraulichkeit ist das oberste Gebot. Nur mit ausdrücklicher Erlaubnis der Rat suchenden Mitarbeiter darf über den Inhalt der individuellen Gespräche mit Mitarbeitern der Personalabteilung, Betriebsrat und/oder Vorgesetzten gesprochen werden. Letztere sollten die Expertenberater während des Beratungsprozesses nicht zur Offenlegung der Beratungsinhalte drängen.
- Bei Gruppenoutplacement-Maßnahmen sind angemessene Räume im Unternehmen notwendig, ausgestattet mit notwendigen Schulungsmaterialien.
- Die Beratungsräume sollten Diskretion gewährleisten und möglichst weder einsehbar noch hellhörig sein.

Einzeloutplacement

In der Regel wird Einzeloutplacementberatung Führungskräften ab Teamleitungsebene angeboten. In Aufhebungsvereinbarungen zwischen dem Unternehmen und der betroffenen Führungskraft werden der Anspruch und auch der Umfang der Beratungsmaßnahme festgelegt. Letzterer richtet sich nach dem zur Verfügung gestellten Budget. Je nach Höhe ist von einer limitierten drei-sechsmonatigen bis zur

© Springer Fachmedien Wiesbaden 2015
J. Boenig, *Outplacementberatung*, essentials, DOI 10.1007/978-3-658-09493-5_4

unlimitierten Beratungszeit einschließlich Probezeit-Coaching ein breites Spektrum möglich. Die Vereinbarungen sind individuell und hängen maßgeblich vom Verhandlungsgeschick der Parteien ab. Häufig wird dabei vonseiten der Arbeitnehmer, aber auch der Arbeitgeber ein Arbeitsrechtler zurate gezogen, um zu einem beiderseitig zufriedenstellenden Konsens zu kommen.

Es werden zwei Varianten zur Aufnahme einer Einzeloutplacement Beratungsleistung angeboten:

Variante I
Aufnahme der Beratung bei einem Dienstleister, den das Unternehmen für den anstehenden Fall ausgewählt hat bzw. mit einem Anbieter, mit dem bereits ein Rahmenvertrag besteht. Diese Variante ist für den Mitarbeiter vorgegeben und nicht verhandelbar. Die Honorare für die Beratungsleistung werden vom Unternehmen direkt an die Beratungsgesellschaft gezahlt, und der Mitarbeiter hat keinen Anspruch auf Auszahlung dieser Gelder, auch wenn die Aufnahme der Beratung wegen anderweitiger Entscheidungen seitens des Arbeitnehmers abgelehnt wird. Dies bedeutet einerseits eine gewisse „Unfreiheit", doch andererseits bietet das Unternehmen eine Art „sicheren Hafen" an, in den die Führungskraft nur noch andocken muss.

Die enge Verzahnung des Unternehmens erstreckt sich bei dieser Variante auch auf den Erstkontakt zwischen Mitarbeiter und Berater, der zeitnah zum Trennungsgespräch erfolgt. Spätestens nach 24 h erfolgt ein erstes vertrauliches sog. Auffang-Gespräch. Manche Dienstleister bieten dieses im direkten Anschluss an das Personalgespräch an, jedoch ist diese Praxis durchaus kritisch zu diskutieren, da dadurch dem betroffenen Mitarbeiter seine „persönliche Besinnungszeit" genommen wird und er/sie mit einer bis dato völlig fremden Person konfrontiert wird. Sinnvoll ist es, die Situation, in der sich der Arbeitnehmer persönlich befindet, ob die Erwartung von Schockreaktionen im Raum steht oder in welchem Familienkontext sich der Mitarbeiter befindet, vorab zu bedenken.

Variante II
Alternativ zum obigen Modell sucht sich die Führungskraft die zu ihm passende Beratungsgesellschaft selber aus. Dabei wird der Führungskraft das Honorar für die Outplacementberatung entweder ausbezahlt oder auch direkt an die Beratungsgesellschaft überwiesen. Voraussetzung dafür ist auf jeden Fall die schriftliche Vereinbarung der Beratungsmaßnahme im Aufhebungsvertrag und sollte nicht mit einer Aufstockung der Abfindung verwechselt werden. Bei diesen unterschiedlichen Zahlungsmodellen spielen steuerliche Gründe eine Rolle, die je nach Situation und vertraglicher Einigung auf jeden Fall für beide Seiten zu überprüfen sind. Der Vorteil für den Arbeitnehmer liegt darin, dass die Entscheidungsfreiheit

sehr viel größer ist und die steuerlichen Vorteile u. U. besser austariert werden können. Bei diesem Modell ist es für den Arbeitnehmer sehr hilfreich, wenn eine einführende Information über die verschiedenen Outplacementanbieter und deren Schwerpunkte vonseiten der Personaler geleistet wird. Generelle Informationen über diese Dienstleistung sind zwar üblicherweise vorhanden, zumal bei der Aufhebungsvereinbarung auch darüber verhandelt wird, doch eine detaillierte inhaltliche Darstellung des Prozedere verdeutlicht die Möglichkeiten und Chancen, die die Beratung bietet.

Für beide Varianten gilt:
Die Beratungsmaßnahme findet außerhalb des Unternehmens statt, einerseits aus Diskretionsgründen und andererseits, ganz pragmatisch, durch die in der Regel erfolgte Freistellung der Führungskraft. Der zeitliche und finanzielle Rahmen ist vor Beginn der Maßnahme für alle Beteiligten transparent, geklärt und festgelegt.

Organisation Einzeloutplacement:
- Kontaktaufnahme seitens des Arbeitgebers oder Arbeitnehmers zum Beratungsunternehmen
- Individuelle Angebotserstellung des Dienstleisters ausgerichtet auf den vorliegenden Fall
- Vertragliche Vereinbarung zwischen Unternehmen oder Arbeitnehmer und Dienstleister
- Variante I: Kontaktaufnahme zwischen Berater und Mitarbeiter über den Arbeitgeber
- Variante II: Direkte Kontaktaufnahme zwischen Berater und Mitarbeiter
- Durchführung des Beratungsprozesses außerhalb des Unternehmens
- Rückmeldung an das Unternehmen unter Einhaltung der Vertraulichkeitsregeln, s. o.

Gruppenoutplacement
In groß angelegten Personalabbaumaßnahmen werden in den dann anstehenden Sozialplan-Verhandlungen zwischen Geschäftsleitung, Personalleitung und dem Betriebsrat im Interessenausgleich die Rechte der Arbeitnehmer auf Gruppenoutplacementberatung festgelegt. Kosten und zeitlicher Umfang der Maßnahme werden in der Regel zwischen Personalleitung und dem externen Dienstleister ausgehandelt.

Auch hier gibt es Unterscheidungen im Prozedere: Unternehmen, die bereits Erfahrungen mit Personalanpassungsmaßnahmen haben, verfügen oft über Rahmenverträge mit Beratungsgesellschaften. Andere Firmen hingegen (hier vor allem KMUs), die sich zum ersten Mal mit dem Thema befassen, holen sich Angebote vom Markt ein und haben dann über Kosten, Inhalte und Zielvorgaben, die Erfolg versprechen, zu entscheiden.

Die Kosten für die Beratungsdienstleistung werden bei Gruppenoutplacement-Maßnahmen direkt mit dem Unternehmen abgerechnet (siehe auch Kap. 2.3).

Die Gruppenoutplacementberater haben ihr(e) Büro(s) bereits zu Beginn der Kündigungsmaßnahmen im Unternehmen implementiert und sind damit sicht- und ansprechbar. Neben dem gesamten Betriebsrat müssen auch alle Vorgesetzten über die Anwesenheit der Berater und die anstehende Maßnahme informiert sein. Da die Mitarbeiter die Beratung während Ihrer Arbeitszeit in Anspruch nehmen dürfen, ist das Einverständnis und damit die Akzeptanz über die zeitweilige Abwesenheit vom Arbeitsplatz eine wichtige Voraussetzung für ein gutes Gelingen der Beratung.

In einer offiziellen „Kick-off"-Veranstaltung, in der, wenn möglich alle Mitarbeiter, zumindest die betroffenen Mitarbeiter über die Beratungsmaßnahmen informiert werden, werden Ziel und Inhalt der Beratungsmaßnahme dargestellt. Die Berater der Beratungsgesellschaft stellen sich vor und können alleine dadurch beruhigend auf die Mitarbeiter einwirken. In Handouts werden alle über die Formalien, wie Daten der Beratungstage, Räumlichkeit, Telefonnummer des(r) Berater, informiert.

In der Regel werden in dieser ersten Informationsveranstaltung bereits Beratungstermine vereinbart. Die Berater sind telefonisch an den Beratungstagen zwecks Terminabsprachen zu erreichen. Jeder Mitarbeiter hat ein durchschnittliches Zeitfenster von 1,5 h pro Beratungstermin zur Verfügung: Die Terminabsprache stellt Diskretion und Zeit für jeden Einzelnen sicher. Zwischen den einzelnen Beratungsterminen liegt ein zeitlicher Abstand, so dass sich die Arbeitnehmer nicht unfreiwillig vor dem Büro treffen. Auch wenn die Arbeitnehmer sich untereinander vielleicht über die Beratung austauschen, ist ein diskretes Setting ein immens wichtiges Signal für die Mitarbeiter.

Neben den Einzelberatungen werden den Mitarbeitern auch Seminare zu unterschiedlichen formalen Themen aus dem Bewerbungsprozedere des Arbeitsmarktes angeboten, und dann ist natürlich eine gewisse freiwillige Öffentlichkeit gegeben.

Für die Implementierung und Durchführung der Gruppenoutplacement-Maßnahmen ist Unternehmensintern seitens des Betriebsrats und der Vorgesetzten „Werbung" für die Beratung sinnvoll und unterstützend. Entsprechende Informationsplattformen im Unternehmen wie das Intranet und Aushänge an Infotafeln können hierzu genutzt werden. Die im Unternehmen zur Verfügung gestellten Büroräume müssen eine entsprechende IT-Ausstattung haben und die Seminarräume mit Flipchart etc. ausgestattet sein. Die Räume sind uneinsehbar, schalldicht und in einem ruhigen Bereich des Unternehmens einzurichten, denn die Mitarbeiter sollen sich nicht unter Beobachtung fühlen. Aktenschränke müssen abschließbar sein, damit die entsprechenden Unterlagen über die Beratungsgespräche sicher verwahrt werden können.

In monatlichen Abständen werden Beratungsberichte erstellt, in denen über die Anzahl der Teilnehmer, der Beratungstage, der durchgeführten Seminare und der bereits erzielten Erfolge an die Personalabteilung/BR/GF berichtet wird. Auch hier gilt das Gebot der absoluten Vertraulichkeit, es werden keine Namen genannt. Ein Beratungsbericht wird durch den/die Projektverantwortlichen erstellt, und die Dokumentation enthält z. B. folgende Angaben:

1. Die Anzahl der Mitarbeiter (anonym) in Beratung (z. B. 80 Teilnehmer)
2. Die verschiedenen Phasen, in denen sich die TN befinden
   - Auffangphase (z. B. 15 Teilnehmer)
   - Potenzialanalysen (z. B. 15 Teilnehmer)
   - pro-aktive Bewerbungsphase (……………….)
   - erste Vorstellungsgespräche (………………)
   - Recherche bzgl. Weiterqualifikation (………………)
   - Anzahl Seminare/Themen
   - Arbeitsmarkt – Unternehmensrecherche
   - Allgemeines Stimmungsbild
   - Eventuelle Problemstellungen (anonym)
   - Prognose

Ausnahmen bezüglich der Vertraulichkeit sind dann möglich, wenn eventuell vorhandene Gelder für Weiterbildung seitens des Unternehmens für die betroffenen Mitarbeiter zur Verfügung stehen. Dann ist nach Autorisierung durch den Ratsuchenden ein Gespräch des Beraters mit HR-Verantwortlichen bezüglich der Finanzierungschance möglich.

Die Angebotspalette der Beratungsgesellschaften unterscheidet sich auch hinsichtlich der Relation von Seminaren zu individuellen Einzelgesprächen. Allen Angeboten ist gemein, dass die Mitarbeiter ihr schriftliches Einverständnis zu der Beratungsmaßnahme in der ersten Stunde geben müssen. Dann haben die Arbeitnehmer das Recht auf alle angebotenen Beratungsleistungen und die Dienstleister rechnen die Anzahl der realen Teilnehmer mit dem Unternehmen ab (siehe auch Kap. 2.3).

In den letzten Jahren werden vermehrt sog. Transfergesellschaften vor allem in produzierenden Unternehmen für die gewerblichen Mitarbeiter etabliert. Diese Form von Personaldienstleistung ist keine Gruppenoutplacementberatung, obwohl sie durchaus oft damit verwechselt wird. Inhaltlich wird im Rahmen dieses Essentials nicht auf diese Dienstleistung eingegangen.

Organisation Gruppenoutplacement:
- Festlegung über Sozialplan im Interessensausgleich
- Kontaktaufnahme mit Dienstleister, Prüfung der Angebotserstellung
- Kick-off-Veranstaltung mit Beratern für die Mitarbeiter
- Beratungsmaßnahme im Unternehmen
- Sicherstellung angemessener Beratungs- und Seminarräume
- Information und Unterstützung seitens HR, BR
- Festgelegte Anzahl von Beratungstagen
- Berichtspflicht an das Unternehmen vonseiten des Dienstleisters

4.2   Outplacement als ganzheitlicher Prozess

In die umfassende Outplacementberatung werden alle Lebens- und Arbeitsumstände mit einbezogen. Die persönliche Befindlichkeit, die Notwendigkeiten aus den privaten Lebensumständen, die Wünsche und Forderungen von Partnern und/oder der Familie – die Gesamtheit findet ihren Platz in einer nachhaltigen und damit erfolgreichen Outplacementberatung. Der betroffene Arbeitnehmer hat die oftmals einmalige Chance, in einem vertrauensvollen Rahmen sein (Berufs)-Leben zu reflektieren, seine Stärken und Hindernisse neu zu ordnen. Outplacementberatung ist darum mehr als eine reine Jobtransfer-Beratung, es ist eine Beratungsform, die den Ratsuchenden wieder zum Unternehmer seiner eigenen Berufs- und Lebensplanung macht, ihn den Weg gehen lässt.

Das wichtigste Element der Beratung ist das individuelle Beratungsgespräch mit dem betroffenen Mitarbeiter. Es steht im Mittelpunkt des Prozesses, auch wenn es sich um Gruppenoutplacement (G-OP) handelt. Denn nur, wenn die Beratung auf die besonderen Bedürfnisse und die spezielle Situation eines jeden Einzelnen zugeschnitten ist, kann sie einen nahezu hundertprozentigen Erfolg mit sich bringen, nur dann ist dem Mitarbeiter wirklich umfassend geholfen.

Im Rahmen der persönlichen Gespräche geht es zunächst darum, die betroffenen Mitarbeiter in ihrer Gefühlswelt aufzufangen und durch eine Ist-Analyse da abzuholen, wo sie stehen. In der Regel bestimmen Trauer, Wut, Unsicherheit und Angst der Mitarbeiter den Beratungsbeginn, und zuweilen kommt es sogar zu Anfeindungen gegenüber dem Berater. Es gilt, einen vertrauensvollen Rahmen der Sicherheit zu schaffen, in dem alle diese Gefühle ausgedrückt werden dürfen – erst danach ist eine konstruktive Auseinandersetzung mit einer beruflichen Perspektive möglich. Dies bedeutet immer, dass der Berater auf jeden Fall über psychologisches Wissen oder zumindest Einfühlungsvermögen verfügen muss, um derartige Reaktionen von einem Menschen im Ausnahmezustand nicht persönlich zu nehmen und angemessen mit eventuellen Reaktionen umgehen zu können.

Auf der Grundlage einer tragfähigen und sicheren Beratungsbeziehung zwischen Mitarbeiter und Berater entwickelt sich der Beratungsprozess, dessen Ziel der nachhaltige berufliche Erfolg ist. Dann kann der Berater in den nächsten Schritten mit dem Mitarbeiter eine neue Perspektive für ihn herausarbeiten. Dazu beleuchtet er Fragen wie:

- Welche Träume, Wünsche und Überlegungen hat der Mitarbeiter?
- Lassen sich daraus Ziele ableiten?
- Stehen die Ziele in sachlicher Relation zum vorhandenen Arbeitsmarktangebot?
- Welche beruflichen Fähigkeiten sind vorhanden und welche müssen weiter qualifiziert werden?
- Wie sind die privaten Koordinaten des Betroffenen, wie weit will und kann er sich verändern?

Berater führen dazu u. a. Potenzialanalysen durch, stellen Aufgaben zur Selbstreflexion und bringen ihr Wissen um fachspezifische und berufliche Fragen ein. All das zeigt: Professionelle Outplacementberater sind heute Experten für Karriere-, Lebensentwicklungs- und Coaching-Prozesse.

> **Outplacement – Ganzheitlichkeit**:
> - Aufbau und Sicherheit
> - Zielgerichtet und effektiv
> - Individualität wird gesehen
> - Begleitung auf Zeit für Berufs-, Lebensweg
> - Expertenberatung und Coaching

4.3   Inhalte bauen aufeinander auf

Die Beratungsleistungen bauen inhaltlich aufeinander auf. Um den bestmöglichen Erfolg zu erreichen, ist Zeit ein absolut notwendiges Kriterium. Man unterscheidet in Kern- und Nebenleistungen, und inhaltlich unterscheiden sich die Einzel- und Gruppenoutplacementberatungen, wenn auch nur marginal.

Folgende übergreifende Kernleistungen im Einzeloutplacement (E-OP) und Gruppenoutplacement (G-OP) werden von Beratungsgesellschaften angeboten und sollten unbedingt vonseiten der Unternehmen eingefordert werden:

- Ist-Analyse
- Aufarbeitung der Kündigungssituation
- Potenzialanalyse und Standortbestimmung
- Entwicklung einer individuellen Marketingstrategie
- Erarbeitung von Arbeitsmarktspezifika
- Unterstützung bei Arbeitsmarktrecherche (Jobbörsen etc.)
- Optimierung der Bewerbungsunterlagen
- Coaching für Selbstpräsentation/Vorstellungsgespräche
- Unterstützung bei der Entscheidungsfindung
- Unter Umständen Einbeziehung der Partner bzw. Familienangehörigen
- Beratung und Unterstützung bei Existenzgründungsvorhaben

E-OP -spezifische Kernleistungen sind:

- Recherchen in gesellschaftseigenen Datenbanken
- Zusammenarbeit mit Netzwerk-Partnern
- Individuelle Begleitung als Coaching-Partner
- Begleitung des Klienten bis 100 Tage nach Neupositionierung
- Kostenfreie Wiederaufnahme bei Kündigung in der Probezeit

G-OP-spezifische Kernleistungen sind:

- Bewerbungstrainings
- Kommunikationsseminare
- Seminare zum berufsbezogenen Marketing
- Evtl. Existenzgründungsseminare

Nebenleistungen administrativer und/oder organisatorischer Art werden den Betroffenen zusätzlich zur Verfügung gestellt:

- Sekretariatsdienste
- Alle verfügbaren Medien

Die Kernleistungen sind für den Erfolg der Beratungsleistung unabdingbar, auf die Nebenleistungen kann z. B. bei begrenztem Budget verzichtet werden.

Ablauf eines klassischen ganzheitlichen Beratungsprozesses

Modul I Wir lernen uns kennen

- Aufmerksam und aktiv zuhören, sich vorstellen
- Sach- und Beziehungsebene, aufmerksam sein
- Vertrauen aufbauen/Verbindlichkeit kommt von Verbindung
- Praktische Einweisung zum Beratungs-Prozedere
- Individuelle und flexible Nutzung des Programms herausstellen
- Anregungen und Vorschläge auf- und annehmen
- Aspekte des branchenspezifischen Arbeitsmarktes aufzeigen

Modul II Beginn aktiver Unterstützung

- Sprachregelung zur Trennung erarbeiten (E-OP)
- Hilfestellung bei der Formulierung der Trennungsbegründung (E-OP)
- Empowerment und Prozesssicherheit ausstrahlen
- Angst nehmen und motivieren
- Diskretion und Vertraulichkeit unterstreichen
- Evtl. Partner in die Gespräche mit einbeziehen

Modul III Beratungshilfen einsetzen

- Biografisches Interview
- Arbeitshilfen,-Methoden einsetzen, unterschiedliche Ansätze je nach Beratungsgesellschaft (z. B. Tests)
- Widerstände erkennen, Probleme spüren und auffangen
- Stärken-Analyse
- Selbst- und Fremdeinschätzung
- Werte und Zielerarbeitung
- Erarbeitung: Wer bin ich? Was kann ich? Was will ich?
- Sprachlosigkeit abbauen, „Eigenwerbung" des Kandidaten erarbeiten

Modul IV Berufliche Zielsetzung und persönliche Visionen

- Bilder und Visionen fördern
- Erarbeitung von konkreten umsetzbaren Zielen
- In Alternativen denken und Querdenken fördern
- Medien einsetzen

Modul V Berufsbezogene Eigendarstellung/Marketing

- Erarbeitung der Bewerbungsunterlagen
- Bewerbungstraining, Vorstellungsgespräche etc.
- Übersicht zur Vielfalt der Methoden
- Versteckter Stellenmarkt

Modul VI Zeugnis und Referenzgebung

- Thema frühzeitig behandeln
- Individuelle Zeugnis-Formulierungen
- Wenn notwendig Mediationsgespräche auch mit Vorgesetzten

Modul VII Personalberater/Stellengesuch (E-OP)

- Personal-Berater für Führungskräfte/Kostenklärung
- Eigene Kontakte aktivieren oder über Eigeninitiative des Kandidaten
- Bei Gesuchen = Selektion der Medien ist wichtig
- Individuelle Ansprache

Modul VIII Arbeitsamt und Netzwerkarbeit (G-OP, selten E-OP)

- Vorurteile abbauen
- Motivieren und aktivieren, alle Möglichkeiten zu nutzen
- Netzwerkrecherche, Jobbörsen, allg. Internet-Recherchen
- Profil-Erstellung für unterschiedliche Plattformen (G-OP, E-OP)

Modul IX Kommunikationstraining – Gruppe (G-OP), Einzelarbeit (E-OP)

- Erarbeitung „blinder Flecken" Kommunikation/Auftreten
- Besprechung Schwerpunkte
- Eigendarstellungsübungen
- Vorbereitung von Präsentationen
- Praktische Übungen durchführen (z. B. Videotraining)

Modul X Vertragsverhandlungen und Konditionen

- Coaching, Hilfestellung, die Nerven zu bewahren
- Entwicklungsmöglichkeiten, Perspektiven aufzeigen

Modul XI Unterstützung in der Vorbereitung auf die neue Aufgabe (E-OP)

- Praktische Vorbereitung der ersten Tage/Wochen
- Angebot Coaching für weitere drei Monate (Probezeit)
- Vereinbarung Art/Umfang des Coachings

Outplacementberatung – Modularbeit:
- Unterteilung in E-OP- und G-OP- spezifische Kern- und Nebenleistungen
- Begleitung und Hilfestellung auch zwischen den Präsenzterminen
- Kontaktaufnahme zu weiterführenden Organisationen und Dienstleistern
- Freiwilligkeit der Ratsuchenden
- Sicherheit in Expertenwissen und Organisation
- Immer vertraulich
- Prozessführung und Vermittlung von Sicherheit

Outplacementberater – Persönlichkeiten werden gefordert 5

5.1 Entwicklung und Prozessbegleitung vs. Stellenvermittlung

Jeder Berater und Trainer weiß, wie wichtig Auftreten und Authentizität gegenüber dem potenziellen Auftraggeber sind. Kompetenz und Klarheit bezüglich des Produktes müssen kommuniziert werden, damit Vertrauen entsteht und der Auftrag erteilt wird. Besonders sensibel ist die Beauftragung von Outplacementberatern, denn sie kommen in Krisensituationen in die Unternehmen und erhalten zwangsläufig Einblicke in interne Unternehmensstrukturen. Die Berater werden mit unterschiedlichsten Aussagen in einem angespannten Betriebsklima konfrontiert, und das nicht nur von den direkt Betroffenen.

Damit der Outplacement-Prozess auf allen Ebenen unterstützend wirkt, ist es notwendig, dass die Berater souverän mit den verschiedenen Statements und Gefühlen umgehen können.

So werden Berater beispielsweise mit folgenden Aussagen konfrontiert:

© Springer Fachmedien Wiesbaden 2015

J. Boenig, *Outplacementberatung,* essentials, DOI 10.1007/978-3-658-09493-5_5

Vorstand/Geschäftsführung offiziell	Wir können uns nur noch High Performer im globalen Kampf leisten. Endlich müssen wir die Low Performer nicht mehr mitschleppen
In Einzelgesprächen	Hoffentlich bleibt in unserer Ebene alles klar, oder bin ich vielleicht bald derjenige, der das Licht ausmacht?
Controller offiziell	Wir müssen im Wettbewerb überleben und dieser Change-Prozess tut uns nur gut
In Einzelgesprächen	Wir haben doch gegen die Chinesen gar keine Chancen
Personalvorgesetzte offiziell	Wir lassen die Mitarbeiter nicht allein
In Einzelgesprächen	Wie soll ich bloß diese Gespräche führen, bisher habe ich immer nur eingestellt?
Verbleibende offiziell	Mich hat es ja nicht getroffen, sollte mich aber vielleicht mal nach was anderem umschauen
In Einzelgesprächen	Wenn es mich trifft, um Gottes willen
Externe Kunden, offiziell	Mein Ansprechpartner war doch so kompetent, warum musste er nur gehen?
In Kaffee-Gesprächen, Kantine	Vielleicht brechen mir jetzt auch die Aufträge weg
Lebenspartner offiziell	Das Unternehmen war noch nie gut für dich
Evtl. flankierende Einzelgespräche	Ich habe totale Angst vor der Zukunft

Um mit diesen unterschiedlichsten, von starken persönlichen Aspekten geprägten Statements auch aufbauend umgehen zu können, ist eine annehmende Aufmerksamkeit vonseiten der Experten nötig, ohne zu (be-)werten, zu trösten, zu beraten oder gar eine persönliche Stellungnahme zur Unternehmenspolitik abzugeben. Das Ziel, nämlich die Gesamtatmosphäre des Unternehmens zu beruhigen, wird durch die Aussprache gegenüber einer externen dritten Person in der Regel sehr gut erreicht.

Die Kompetenz eines so agierenden Beraters beruht einerseits auf einer persönlichen Haltung nebst Lebenserfahrung, und andererseits ist es Professionalität, die erlernbar ist. Grundhaltung ist das aktive Zuhören bei jedem einzelnen Beteiligten des Veränderungsprozesses. Als Rüstzeug für diese Form der ganzheitlichen systemischen Prozessbegleitung bringen qualifizierte Berater zudem ein breites Spektrum von Methoden und Übungen mit, die dann im konkreten Beratungsprozess mit den betroffenen Mitarbeitern eingesetzt werden.

Über systemische Coachingausbildungen, Karriereberatung-Outplacement-Fortbildungen sind Berater geschult, sich auch mit grundlegenden Fragen auseinanderzusetzen. Existenzielle und wegweisende biografische „Fragezeichen" werden dabei geklärt, z. B.:

- Wer bin ich?
- Was kann ich?
- Welche Werte sind in meinem Leben bestimmend?
- Was will ich?
- Welche Zukunftsbilder habe ich?

Qualifizierte Outplacementberater sollten sich **immer** mit ihrem eigenen Repertoire an Übungen, die sie mit den Betroffenen durchführen, auseinandergesetzt haben, sie auch selber erarbeitet haben. Von Selbst- und Fremdeinschätzungen über Stärken und Ressourcen bis hin zum Eigen-Marketing-Profil sollten sie über sich Bescheid wissen. Dies ermöglicht ihnen, differenzierter auf die einzelnen Menschen einzugehen und die Hürden, sowohl persönlich als auch fachlich, die die betroffenen Mitarbeiter nehmen müssen, besser zu verstehen.

Ein kleines Beispiel ist die Übung zur Selbst- und Fremdeinschätzung (siehe Abb. 5.1 und 5.2).

Damit können folgende Fragen klarer werden:

- Welche Anteile von mir zeige ich in welchen Kontexten?
- Wie wirke ich nach außen?
- Was kann ich, was sollte ich noch weiter entwickeln?
- Welcher Grad ist z. B. an Kommunikationsfähigkeit von mir sichtbar?
- Wie wirke ich z. B. mit meiner Konfliktlösungskompetenz?
- Wie stimmen die wahrgenommenen Aspekte mit meiner Berufsausübung oder meiner angestrebten Aufgabe überein, z. B. der des Beraters?

Wird diese Übung (als eine von mehreren) intensiv in dem Beratungsprozess erarbeitet, ist es den Mitarbeitern möglich, sich eine reales Selbst- und Fremdbild zu schaffen. Die Zielrichtung ist es, eine neue berufliche Aufgabe zu erlangen, die nachhaltig erfüllt werden kann. Reine Stellenvermittlung greift dagegen meistens zu kurz, denn sie stellt in den Mittelpunkt nahezu ausschließlich die Fachkompetenzen, ohne zu hinterfragen, ob der Kandidat diese Kompetenzen auch zukünftig leben kann und will.

So der Vertriebsleiter einer Maschinenbaufirma:

> …endlich habe ich mal die Möglichkeit, meine Berufs- und Lebensplanung neu aufzustellen. Weder will ich in den nächsten Jahren wieder in der Welt unterwegs sein, noch ein Produkt verkaufen, hinter dem ich nicht mehr stehe …

In dem Fall gilt es herauszuarbeiten, was zu ihm passt, und dann entsprechend den Abgleich zum Arbeitsmarkt vorzunehmen.

Selbst- & Fremdeinschätzung:

Fremdeinschätzung für							
Eigenschaft	schwach ausgeprägt				stark ausgeprägt		
	- 3	- 2	- 1	0	+ 1	+ 2	+ 3
kann gut organisieren							
effektiv							
schnell							
ausdauernd							
belastbar							
entschlossen							
gute Fachkenntnisse							
arbeitet fehlerfrei							
einsatzbereit							
begeisterungsfähig							
aktiv							
gewissenhaft							
fähig zu rationalisieren							
selbständig							
verantwortungsbereit							
zielstrebig							
zuverlässig							
gute Auffassungsgabe							
gutes Gedächtnis							
intelligent							
konzentriert							
lernfähig							
logisch denkend							
problemlösend							
kreativ							
konfliktfähig							
ausgeglichen							
diszipliniert							
ehrgeizig							
aufgeschlossen							
flexibel							
kontrolliert gerne							
motivierend							
objektiv							
sensibel							
teamfähig							
tolerant							
kommunikationsfreudig							

Hilfreich und verbesserungswürdig

Abb. 5.1 Selbst- und Fremdeinschätzung. (Quelle: Fortbildungsunterlagen Karriere-Out-placementberatung, Boenig Beratung)

Selbst- & Fremdeinschätzung:

Selbsteinschätzung							
Eigenschaft	schwach ausgeprägt				stark ausgeprägt		
	- 3	- 2	- 1	0	+ 1	+ 2	+ 3
kann gut organisieren							
effektiv							
schnell							
ausdauernd							
belastbar							
entschlossen							
gute Fachkenntnisse							
arbeitet fehlerfrei							
einsatzbereit							
begeisterungsfähig							
aktiv							
gewissenhaft							
fähig zu rationalisieren							
selbständig							
verantwortungsbereit							
zielstrebig							
zuverlässig							
gute Auffassungsgabe							
gutes Gedächtnis							
intelligent							
konzentriert							
lernfähig							
logisch denkend							
problemlösend							
kreativ							
konfliktfähig							
ausgeglichen							
diszipliniert							
ehrgeizig							
aufgeschlossen							
flexibel							
kontrolliert gerne							
motivierend							
objektiv							
sensibel							
teamfähig							
tolerant							
kommunikationsfreudig							

Abb. 5.2 Selbst- und Fremdeinschätzung. (Quelle: Fortbildungsunterlagen Karriere-Outplacementberatung, Boenig Beratung)

Outplacementberater – Prozessbegleiter:
- Souveränität durch fachliche wie persönliche Kompetenz
- Aktives Zuhören in Neutralität
- Ständige Weiterbildung
- Prozessentwicklung wird in die berufliche Neuausrichtung der Kandidaten mit einbezogen

5.2 Berater in der Experten- und Coachingrolle

Outplacementberater ist, ebenso wie Coach, keine formal anerkannte Berufsbezeichnung. Formulierte Qualitätskriterien, die einen erfolgreichen Berater ausmachen und damit alle Beteiligten in einem Trennungsprozess zufriedenstellen, beruhen bisher überwiegend auf Praxis-Erfahrungen. Diese Erfahrungen zeigen, dass es in der Regel nicht ausreicht, Führungskraft oder Personalexperte gewesen zu sein, um mit diesen hoch sensiblen Beratungsprozessen umgehen zu können. Neben einem Studium, einer Coaching-Ausbildung, Fortbildungen im Bereich Karriere-Outplacementberatung, sind eine Reihe weiterer fachlicher und persönlicher Kompetenzen wünschenswert, wenn nicht sogar erforderlich:

Fachliche Kompetenzen:

- Branchenübergreifende Arbeitsmarktkenntnisse
- Projektmanagementerfahrung
- Expertenkenntnisse im berufsbezogenen Marketing
- Möglichst Führungserfahrung in einem Wirtschaftsunternehmen
- Grundkenntnisse in Betriebswirtschaft
- Grundkenntnisse im Arbeitsrecht
- Kenntnisse über wirtschaftsbezogene Institutionen
- Netzwerkerfahrung und Umgang mit Netzwerken
- Netzwerkkontakte zu flankierenden Dienstleistern wie Personalberatungen etc.
- Eigene Datenbanken
- Beherrschung von Kommunikationstechniken
- Grundlegende psychologische Kenntnisse
- Trainings- und Coachingerfahrung
- Permanente Weiterbildung

Persönliche Kompetenzen:

- Integrität und Stabilität
- Berufs- und Lebenserfahrung
- Empathie/Intuition
- Souveränität
- Authentizität
- Reflexionsfähigkeit
- Kreativität
- Diplomatisches Geschick
- Humor
- Emotionale Intelligenz

Darüber hinaus sollten sich Berater ständig zu Entwicklungen auf dem Arbeitsmarkt auf dem Laufenden halten, über die neuesten Zahlen genauso wie über regionale Besonderheiten. Berufsbilder zu kennen und sich auch schnell in neue Profile einzuarbeiten, sind ebenso notwendig wie Kenntnisse von wirtschaftlichen Zusammenhängen und Verläufen. Outplacementberater verfügen über ein dichtes Kontaktnetz zu Personalberatungen, Personalleitern von Unternehmen jeglicher Größenordnung, Headhuntern, Industrie- bzw. Handwerkskammern oder ähnlichen Institutionen. Darüber hinaus ist es sinnvoll zu wissen, welche Ansprechpartner oder Institutionen vor Ort für eventuell soziale oder psychologische Problematiken zur Verfügung stehen.

Auch der Kontakt zu den jeweiligen Arbeitsagenturen ist nicht nur im Rahmen von Gruppenoutplacement-Maßnahmen wichtig, auch im Führungskräfte- Einzeloutplacement kann man sich mit Fachabteilungen der Arbeitsagentur in Verbindung setzen, die u. U. wichtig werden können.

Regelmäßige Internet-Recherchen, souveräner Umgang mit Berufsportalen, Besuch von Fachmessen und Netzwerk-Kontakte zu anderen Kollegen tun ihr Übriges für den notwendigen Informationsbedarf.

Die vier goldenen Basis-Regeln für Outplacementberater:

1. Stellen Sie eine wertschätzende Verbindung zu Ihrem Gegenüber her, ohne sich in Beurteilungen oder Meinungen hineinziehen zu lassen. Ihr Gegenüber hat ein Recht darauf.
2. Arbeiten Sie nur mit Menschen, die aus eigenem Antrieb und freiwillig zu Ihnen in die Beratung kommen.

3. Achten Sie auf die Vertraulichkeit. Informationen, die Sie von Ratsuchenden erhalten, dürfen Sie nur mit seiner/ihrer ausdrücklichen Genehmigung weitergeben.

4. Zeitliche und organisatorische Planung sind immer strikt einzuhalten, damit Sie ein maximales Gefühl von Sicherheit und Vertrauenswürdigkeit vermitteln können.

Outplacementberater – Experte und Coach:
- Fachliche wie persönliche Anforderungen
- Arbeitsmarktspezifische Kenntnisse
- Umgang mit Business-Institutionen und -Standards
- Führungserfahrung
- Projektmanagementkenntnisse
- Psychologische Steuerungssicherheit

5.3 Mögliche Auswahlkriterien für in Auftrag gebende Unternehmen

Outplacement-Beratungsgesellschaften arbeiten ihre zukünftigen Outplacementberater im Hinblick auf die spezifische Vorgehensweise des Hauses ein. Das ist notwendig, da jeder Dienstleister unterschiedliche Angebots-Schwerpunkte im Portfolio hat.

Unternehmen, die sich für den Einsatz der Dienstleistung Outplacementberatung entscheiden, sollten vorab einige Grundfragen klären:

- Welche Unternehmens- und Trennungskultur herrscht im Unternehmen vor?
- Gibt es einen gemeinsamen Konsens von Entscheidungsträgern und Mitarbeitervertretern über den Einsatz der Dienstleistung Outplacement?
- Welche Ziele sollen damit erreicht werden?
- Welche „weichen" Ziele werden – neben den offiziellen Zielen – angestrebt?
- In welchem Maße soll das Angebot nach außen kommuniziert werden?
- Welche Imagepflege braucht das Unternehmen?
- Wird in AT-Verträgen für Führungskräfte Outplacement mit aufgeführt?
- Welche Arbeitgeber-Wirkung ist dabei zu berücksichtigen bzw. ist bereits sichtbar?

- Welches Budget steht zur Verfügung und welcher Beratungsumfang kann damit abgedeckt werden?
- Welche Form von finanziellen Unterstützungsleistungen soll mit eingesetzt werden, mit welchen Folgen?

Wenn diese Fragen geklärt sind, kann eine eindeutige Auftragsklärung mit dem Dienstleister für Outplacement getroffen werden. Zudem kann sich im Innenverhältnis zwischen allen Beteiligten durch die allseits anerkannte flankierende Maßnahme eine „konstruktive Entspannung" etablieren – dies kann gelebte Unternehmenskultur bedeuten.

Zudem ist es ratsam mit den Outplacement-Dienstleistern in Vorgesprächen weitere detaillierte Fragen durchzugehen. Die gängigste Version ist die Frage nach der Höhe der Vermittlungsquote. Das ist sicher notwendig, denn die Antworten deuten einerseits auf die Breite der Erfahrung hin, andererseits ist Vorsicht geboten, wenn eine Erfolgsquote von 100 % im Gruppenoutplacement vorausgesagt wird. Dies ist erfahrungsgemäß nicht realistisch, denn Erfolgsquoten hängen von vielen unterschiedlichen Faktoren ab.

Faktoren, die die Erfolgsquote der Outplacementberatung beeinflussen, sind zum Beispiel:

- Alter und Betriebszugehörigkeit der Mitarbeiter
- Mobilität und Flexibilität
- Ausbildung und Zusatzqualifikationen
- Individuelles Engagement für die neue berufliche Zukunft
- Soziale und psychologische Hürden
- Regionale Beschäftigungsquote

Im Einzeloutplacement ist die Frage nach der Quote deutlich besser zu beantworten. Es gibt Datenmaterial, (z. B. vom BDU), in welchem die Zeitdauer bis zur Neupositionierung je nach Position, Alter und nachweisbaren Erfolgen der Mitarbeiter veröffentlicht wird. Diese Angaben decken sich mit der praktischen Erfahrung. So kann man beispielsweise davon ausgehen, dass Führungskräfte mittleren Alters mit Stabsfunktionen aus einem mittelständischen Unternehmen eine Suchzeit zwischen sechs und acht Monaten vor sich haben, aus einem Konzern, mit vergleichbarer Position, werden ca. zwei Monate weniger gebraucht. Bei Top-Führungskräften sind die Suchzeiten deutlich länger, bis zu zwölf Monaten.

Beauftragende Unternehmen sollten sich jedoch nicht auf diese einzige Frage beschränken, sondern auch nachfragen, welche Haltung in der Beratungsgesellschaft vorherrscht, mit welchen Werten man hinter der Beratungsaufgabe steht, kurz, wie Outplacementberatung „interpretiert" wird.

Für Auftraggeber können z. B. folgende Fragestellungen bei der Auswahl hilfreich sein:

- Welche Aspekte bzgl. Prozesse und Ziele stehen in der Beratung im Vordergrund?
- Welche Prioritäten haben Stellenvermittlung und Bewerbungstraining?
- Welche Kenntnisse existieren bzgl. ganzheitlicher und systemischer Beratung und mit welchem Stellenwert werden diese Aspekte in der Beratung gelebt?
- Woran wird im Einzel- wie im Gruppenoutplacement der Erfolg der Beratung gemessen?
- Wie und in welcher Form sind die Berater Ansprechpartner für alle Beteiligten des Trennungsprozesses?
- Welchen Stellenwert hat die Sparringspartnerschaft im Einzeloutplacement?
- In welcher Form stehen die Berater zwischen den Präsenzterminen im Gruppenoutplacement zur Verfügung?

So sagte der Personalleiter eines weltweit erfolgreichen, mittelständischen Familienunternehmens:

> Der Klärungsprozess unter uns in der Geschäftsführung und im HR war der schwierigste. Als wir wussten, was wir wollten, hatten wir klare Auswahlkriterien und so wurde der Dienstleister konkret und zielführend gefunden. Unser Unternehmen hat ein starkes Fundament an Mitarbeiter-Kultur. Bei uns kommt nur ein Outplacement-Anbieter ins Haus, wenn er schlüssig darstellen kann, welche Werte-Haltung in der Beratung Grundlage ist. Wie und mit welcher Fachkompetenz unsere Mitarbeiter begleitet werden, ist uns immer noch wichtiger, als die Leute mal eben vom Hof zu kriegen.

Gute Vorbereitungen unterstützen die Unternehmenskultur:
- Unternehmensinterne Klärung der Zielrichtung bzgl. Outplacement
- Hintergrund-Fragestellungen zum Beratungsprozess der Outplacement-Dienstleister
- Mut zum systemischen Blick: Kosten, Kultur, Zukunft
- Achtsamkeit und Aufmerksamkeit der begleitenden Personalverantwortlichen

Fazit

Outplacementberatung in der modernen Personalarbeit einzusetzen, ist eine immens wertschätzende Maßnahme, die sich mittel- und langfristig für alle Beteiligten auszahlt: sowohl für den direkt betroffenen Arbeitnehmer, der wieder nachhaltig zum Gestalter seines Berufslebens wird, als auch für das Unternehmen, dessen Umstrukturierungsmaßnahmen so effektiv und zukunftsgerichtet wie möglich gestaltet werden. Die verbleibenden Mitarbeiter glauben wieder an eine berufliche Zukunft in ihrem Unternehmen. Für Berater ist Outplacement ein fachlich weit umspannendes Beratungsfeld, in dem sich ständig Herausforderungen ergeben und professionelle Exzellenz abverlangt wird. Einen gemeinsamen Nenner gibt es für alle Beteiligten: Sie befinden sich in einer Situation, in der Alltagsroutine keinen Platz hat.

© Springer Fachmedien Wiesbaden 2015
J. Boenig, *Outplacementberatung*, essentials, DOI 10.1007/978-3-658-09493-5

Was Sie aus diesem Essential mitnehmen können

- Personalabbau kann wertschätzend und respektvoll gestaltet werden
- „Termination should end the job. Not the man!" (Bill Morin)
- Gelebte Unternehmenskultur: langfristiger Mehrwert für Unternehmen und Mitarbeiter; hierauf ist auch im Auswahlprozess bei der Suche nach einem Outplacementberater zu achten
- Ganzheitliche Outplacementberatung ist ein Karriere-, Lebensentwicklungs- und Coaching- Prozess und bedarf eines professionellen Partners.

© Springer Fachmedien Wiesbaden 2015
J. Boenig, *Outplacementberatung*, essentials, DOI 10.1007/978-3-658-09493-5

Literatur

Zum Weiterlesen finden Sie hier die Bücher, die dem Ansatz einer ganzheitlichen Outplacementberatung am nächsten kommen:

Andrzejewski, Laurenz, (2008): Trennungskultur: Handbuch für ein professionelles, wirtschaftliches und faires Kündigungsmanagement, 3. Auflage, Hermann Luchterhand Verlag, Neuwied.

Berg-Peer, Janine (2003): Outplacement in der Praxis, Trennungsprozesse sozialverträglich gestalten, Gabler Verlag, Wiesbaden.

Bolduan, Gudrun/Debus, Isolde (2007): Outplacement als Chance, Eichborn Verlag, Frankfurt/Main.

Lohaus, Daniela (2010): Outplacement, Hogrefe Verlag, Göttingen.

© Springer Fachmedien Wiesbaden 2015
J. Boenig, *Outplacementberatung*, essentials, DOI 10.1007/978-3-658-09493-5